Alicja Karczmarska-Strzebońska

ELEMENTARZ

Czytamy metodą sylabową

Płynne czytanie to nie wyzwanie!

GREG®

ELEMENTARZ

CZYTAMY METODĄ SYLABOWĄ

Autorka:
Alicja Karczmarska-Strzebońska

Opracowanie i redakcja:
Agnieszka Woźny

Ilustracje:
Sławomir Daniec
Shutterstock.com: Agan, Asya Sochyvets, Bannykh Alexey Wladimirovich, bluedarkat, Bojana Stanojevic, Brian Goff, Budi Susanto, cartoons, Crisan Rosu, Danilo Sanino, dedMazay, djdarkflower, Enache Dumitru Bogdan, Forewer, freesoulproduction, Igor Zakowski, jara3000, Josch, Julianka, Klara Viskova, Kostrova Elena, lineartestpilot, liskus, Liusa, Lorelyn Medina, Matthew Cole, Memo Angeles, MisterElements, Neon Fizz, paween, pichayasri, Pushkin, Regissercom, S. Hanusch, Sarawut Padungkwan, Sibiryanka, SNEHIT, Stockshoppe, Taras Boichuk, Teguh Mujiono, Tribalium, Unni Bente Knag Langedal, Virinaflora, wizdata1, Yayayoyo, yusufdemirci

Korekta:
Agnieszka Woźny, Maria Zagnińska

ISBN 978-83-7517-370-3

Wydanie II

Wydawnictwo GREG®
31-979 Kraków, ul. Klasztorna 2B
tel. (12) 643 55 14, fax (12) 643 47 33

Księgarnia internetowa: www.greg.pl
tel. (12) 644 98 90, w godz. 8.00–17.00

Skład:
BROS, Pracownia Słowa

Okładka:
Marcin Południak

spis treści

LITERKI

A a • 4
M m • 6
T t • 8
O o • 10
I i • 12
D d • 14
K k • 16
L l • 18
E e • 20
Y y • 22
S s • 24
R r • 26
U u • 28
P p • 30
B b • 32
C c • 34
N n • 36
W w • 38
G g • 40
Ł ł • 42
Z z • 44
J j • 46
F f • 48
ą • 50
ę • 52
Ó ó • 54
Ż ż • 56
Rz rz • 58
H h • 60
Ch ch • 62
Cz cz • 64
Ć ć • 66
Sz sz • 68
Ś ś • 70
ń • 72
Ź ź • 74
Dz dz • 76
Dź dź • 78
Dż dż • 80

CZYTANKI

Moja mama • 84
Mój tata • 86
Spotkanie ze słoniem • 88
Park wodny • 90
Leśny król • 92
Wyścigi rowerowe • 94
Jesienny deszcz • 96
Kulka z igłami • 98
Tajemnica teatru • 100
Dary jesieni • 102
Samotny pies • 104
Na budowie • 106
Pierwszy śnieg • 108
Sporty zimowe • 110
Nowy komputer • 112
Bałwanek • 114
Kto śpi zimą? • 116
Wesoła choinka • 118
Karnawałowy bal • 120
Kosmiczna wyprawa • 122
Bociania rodzina • 124
W cyrkowym namiocie • 126
Bukiet krokusów • 128
Wielkanocna pisanka • 130
Kraków – miasto króla i smoka • 132
Górska wyprawa • 134
Podróż listu • 136
W pracowni malarza • 138
Wars i Sawa • 140
Chora babcia • 142
Wycieczka na wieś • 144
Wakacyjne podróże • 146
Noc w namiocie • 148
Urodziny • 150
Muszla – skarb morza • 152
Przygoda nad jeziorem • 154
Prawdziwy przyjaciel • 156
Spotkanie z dinozaurem • 158
W bibliotece • 160

A a

A a

antena

auto

arbuz

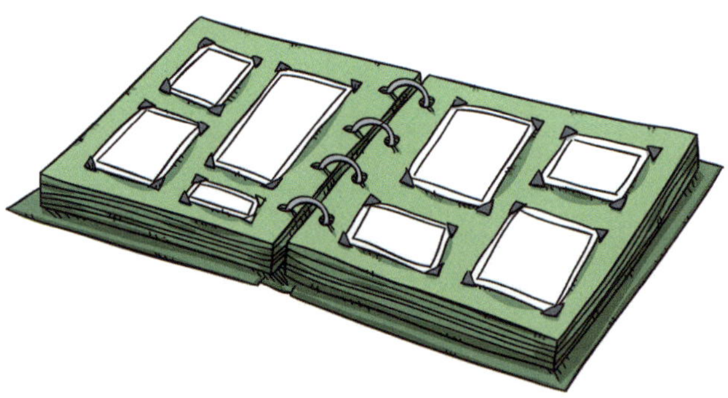

album

A a

M m

M m

ma am

mama Mama

Mama ma  .

Mama ma 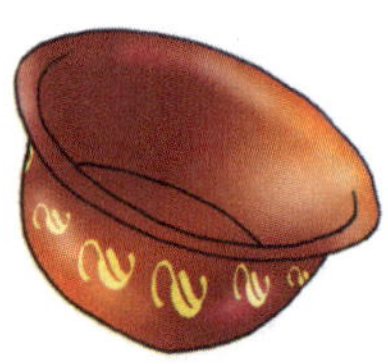 .

Mama ma  .

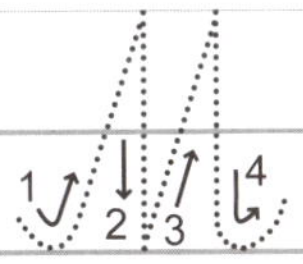

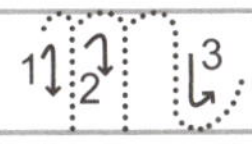

T
4
13
8
44
12
47
4
8
12
13

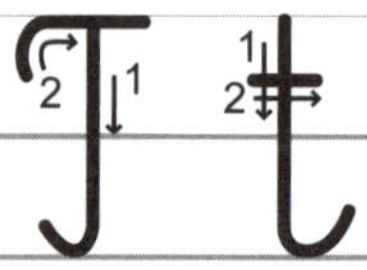

T t

ta at

tata tama mata tam

Tata ma  . Mama ma  .

Tata ma 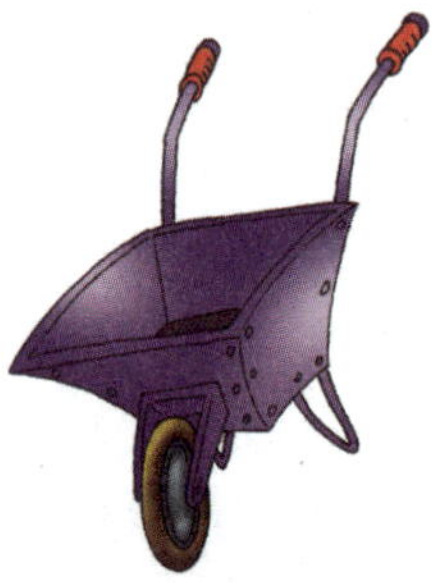 , a mama ma  .

O o

om mo ot to

oto to tom tamto atom

Oto mama.
Oto tata.
To mama, a to tata.
To mata, a to tama.
Mamo!
Tato!

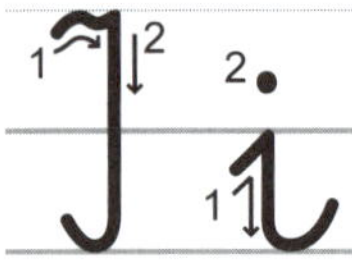

I i

im mi it ti

Timi Mimi

Oto mama i tata.

Mama ma  i  .

Tata ma  i  .

A to Timi i Mimi.

Timi ma  .

Mimi ma  i  .

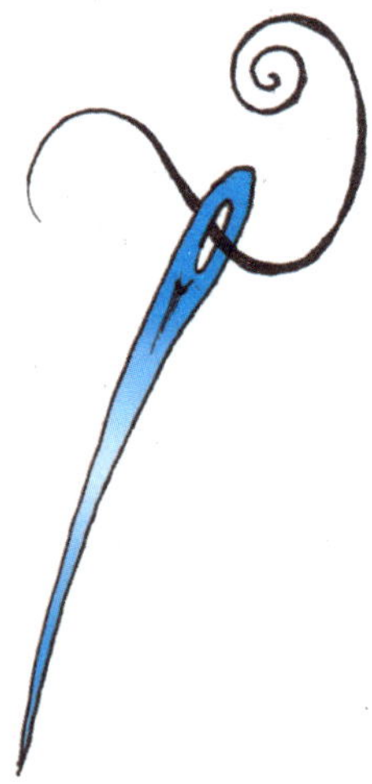

1 2

2.

1

D d

D d

da do di ad od id

dama data moda

Oto mama, a to dama.

Dama ma  i  .

Mama ma  i  .

Dama da mi  .

Mama da mi  .

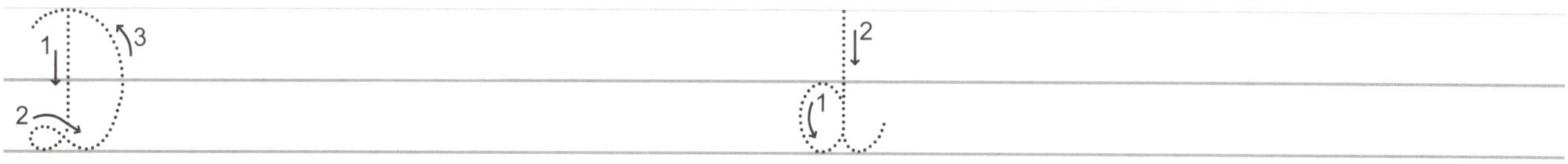

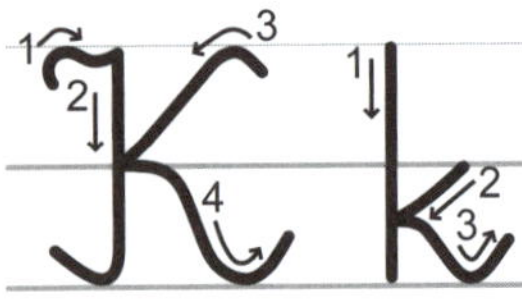

K k

ko ka ki ok ak ik

kot kotka kotki kto kita
kok komoda oko maki

Kto to? To kot.
A to kto? To kotka.
Oto kotki.
To kot Kiki i kotka Koko.
A to? To dom.
To dom kota i kotki.

K k

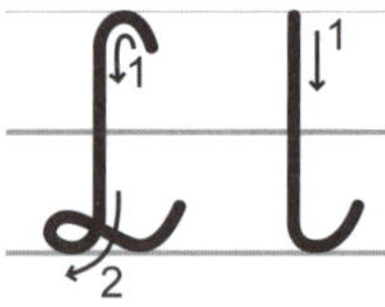

L l

la lo li al ol il

lala lama lato lada loki Lola
dola molo Lila Tola Ola Ala

Kto to? To lala Oli.
Ta lala to Lila.
Lala ma loki.
A to? To dom lali.
A tam? To lama.
Oto lala i lama.

POLICJA

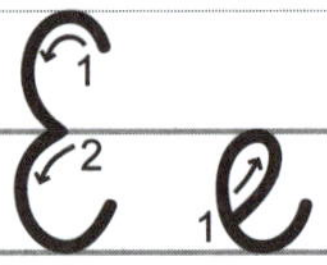

E e

em et ed el ek me te de le ke

Ela Edek teka lale
medal leki meta

Oto lale. To lale Eli.
To lala Tola i lala Lola.
A tam kto? To Edek.
Edek ma medal.
Edek da medal Eli.
A to mama Eli i tata Eli.

1
2
1

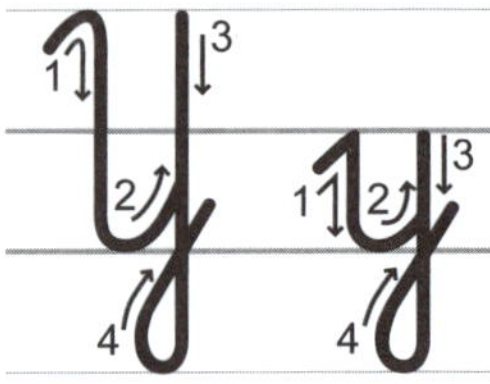

Y y

dy my ty yd ym yt yk

dymy damy domy mamy
lamy tamy tomy lody koty

Ela ma lody i Ala ma lody.
My mamy lody.
Mam lody.
A tam? To koty.
Te koty damy Oli.
A to domy i dymy.

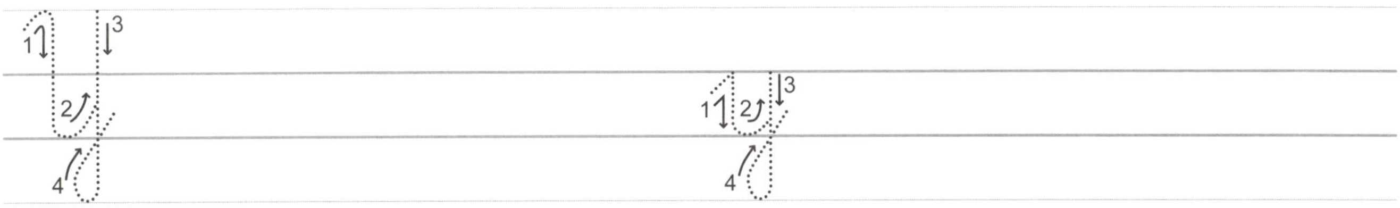

LODY

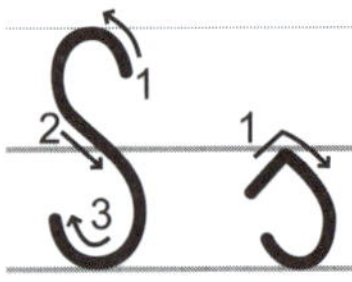

S s

sa se so si sy as es os is ys

sala sady sok samolot syk sos
statek smok lasy lisy list siatka
misie As osa maska kasa kosa

Oto las. Tam lisy.
Lis As i lisek Semi.
Lisek ma sok, a lis ma list.
To list do kota.
A tam lata osa.
Osa lata i lata. O!

102
SOK

R r

ra re ri ro ry ar er ir or yr

rama rana rosa rata rasa
rak rok rada radar rysy rolki
motor Romek ser deser dar

To sery i desery.
Radek ma ser. Romek ma deser.
To ser dla taty i deser dla mamy.
A tam rolki i motor.
To dar dla Sary.
A to? To rosa i raki.
A tam rama.

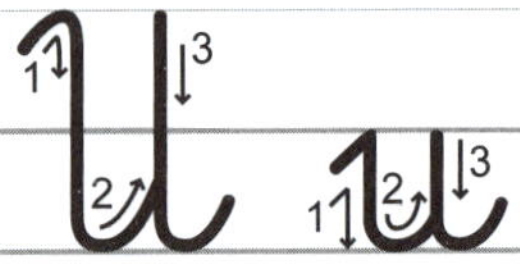

U u

um uk us ud ul ur
mu ku su du lu ru

Ula ule usta rura rudy mury
kura suma tura kula

Tu mamy rude lisy.
Tu rude kity.
A tu mamy kury i mury.
To ruda kura.
A te domki? To ule.
Tu ule, a tam Ula.
Ula tuli lale.
Ula ma te lale od mamy.

U u

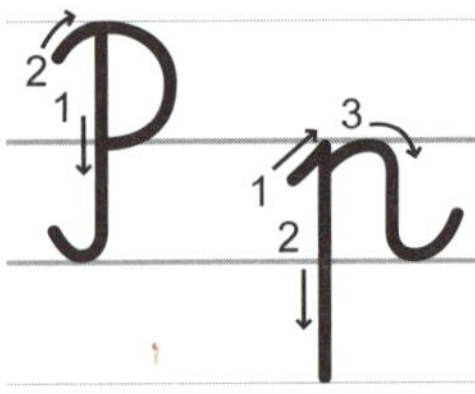

P p

pa pe pi po pu py
ap ep ip op up yp

paka para pasy Pola puma por
pisaki pomidor pestka mapa
kapa lupa kapusta koparka

Ola puka do domku: puk, puk, puk.
Pola pyta: Kto to puka?
Ola da Poli pisaki, a Pola da Oli pora.
A tu kapusta i pomidor.
Tam paka i lupa.
To lupa taty.
Pola i Ola: Pa! Pa!

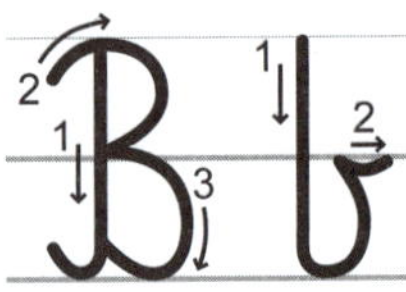

B b

ba be bi bo bu by
ab eb ib ob ub yb

buda buty byk bis Bolek Beata
kubek borsuk burak ryba
robota robot sobota Kuba

Bolek ma buty i biurko.
Beata ma buraki i ryby.
Kuba ma buty i smoka.
A to tata Kuby.
Tata ma deski. Co robi tata?
To buda dla psa.
Dobra robota!

B b

C c

C c

ca ce ci co cu cy
ac ec ic oc uc yc

cuda cap cebula ciocia taca
ciasto kuce baca serce

Co to? To dom bacy.
A tam baca i kuce.
Baca ma koce i cebule.
Baca robi ser. To ser dla cioci.
Ciocia lubi ser.
Baca da cioci ser na tacy.
Ciocia robi ciastka dla bacy.
Baca lubi ciastka.

C C

N n

na ne ni no nu ny
an en in on un yn

nora nuta konie nos nie narty
napis siniak nurek Lenka lina
sanki sen kino banan baran Daniel

To nora kuny.
A tu Lenka.
Ona ma sanki i narty.
Lenka nie lubi nudy.
Leon prosi o sanki.
Lenka da sanki. Dobra Lenka!

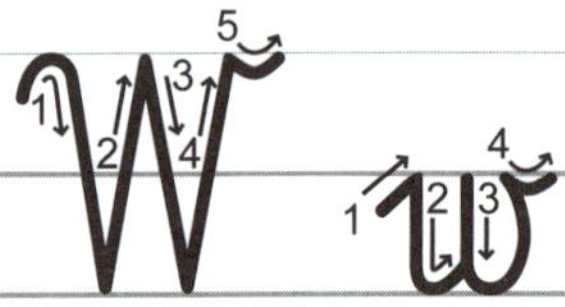

W w

wa we wi wo wu wy
aw ew iw ow uw yw

woda wata wanna worek Wanda
widok mewa sowa rowy biwak
nowy rower krowa trawa dywan

Leci sowa nad lasem.
Leci mewa nad rowem.
A tu Wanda i nowy rower.
To dar od taty.
Tu widok na biwak. Tam woda i trawa.
Wanda ma stary worek.
Ona kupi nowy worek.

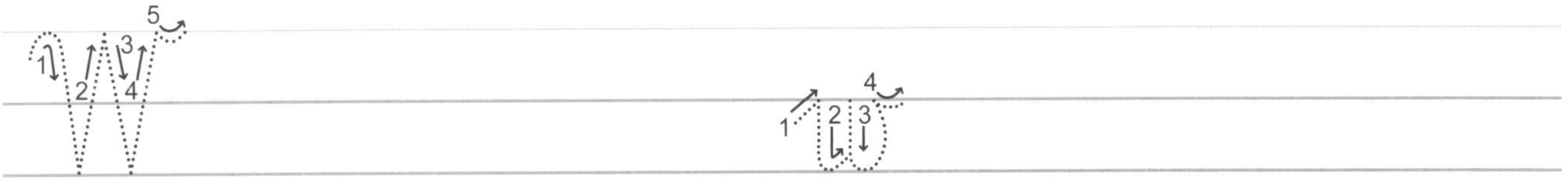

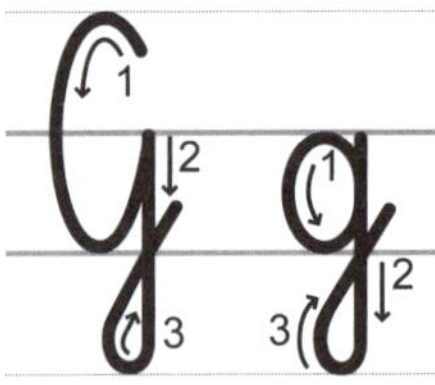

G g

ga ge gi go gu gy
ag eg ig og ug yg

gama guma gol ganek gitara
globus gotowy kogut noga
Agata waga uwaga

To lokomotywa i wagony.
Tu tory i perony.
A tam tata. Agata da mu bilety.
A tu ogon. To ogon koguta.
Kogut goni kota.
To kot Agaty.

PKP

Ł ł

ła łe łi ło łu ły ał eł ił oł uł ył

łapa ława łowy łysy łyk łuk
łomot łopata piła miły siła
pałka głowa igła mały

Ta miła pani to mama Tomka.
Ona ma małe kotki.
To łapa kotka, a to ogon kotka.
A tu mała ruda głowa.
To nie kot, to lis.
Na stole igła. Mama robi koc.
O! Ale łomot! To małe kotki i lisek.
Ale wesoło!

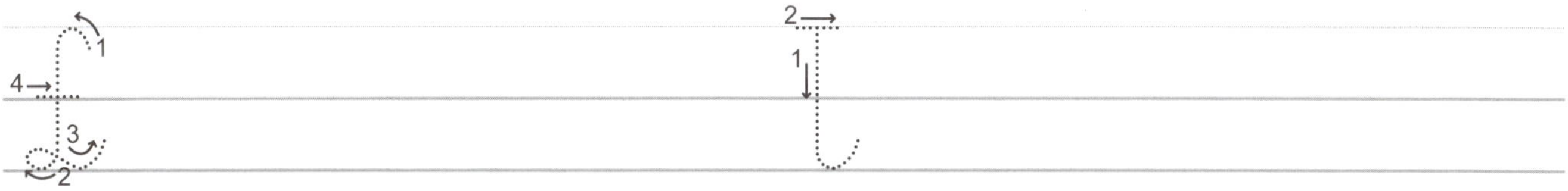
1
4
3
2
2
1

Z z

Z z

za ze zi zo zu zy
az ez iz oz uz yz

zupa zima ziemniak zoo zebra
waza koza ziarno zioła puzon

W zoo zima. Zebra stoi obok zebry.
Zebra ma pasy.
Zimno. Kuc stuka kopytami.
Za murem woda i ryby.
Tu dom sowy, a tam nora kuny.
Rudy lis robi skok.
Tam daleko barany i sarny.
A tu klatka kozy.

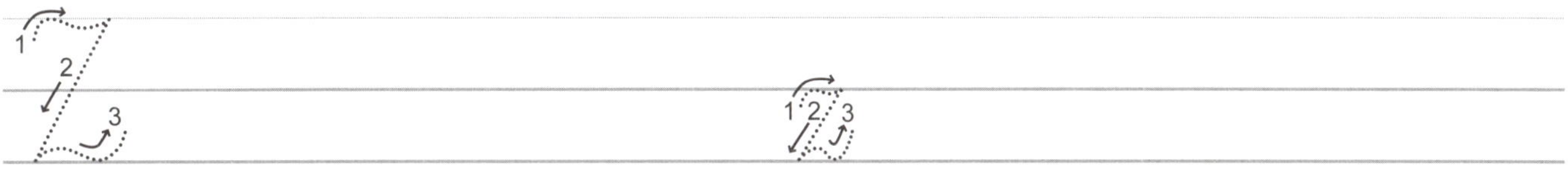

ZOO
KASA

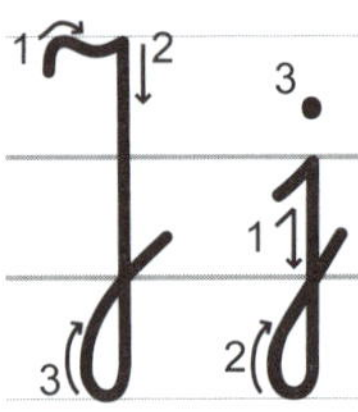

J j

ja je ji jo ju aj ej ij oj uj

jama jajko jaki jak Jacek tutaj
Kaja Maja gaj pajac jest

Co to jest?

To jajka. Kaja je jajko i Jacek je jajko.

Tutaj ława i misa. Misa jest pełna jaj.

Kaja lubi jajka i Jacek lubi jajka.

A mała Maja nie lubi jajek.

Mama nie daje Mai jajek.

Maja lubi pajaca.

A tam gaj. W gaju jama lisa.

Lis lubi jaja i kury.

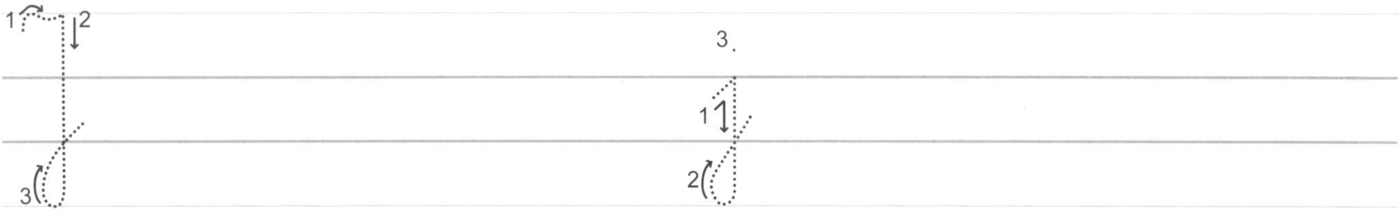

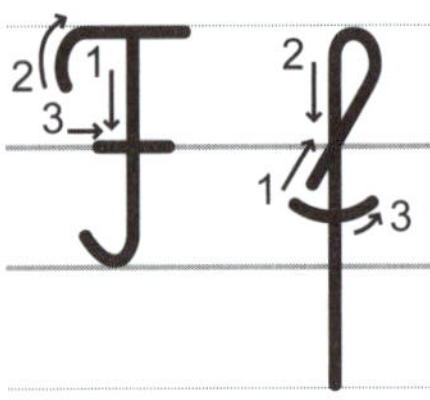

F f

fa fe fi fo fu fy af ef if of uf yf

fala foka fotel figura fasola gafa

To fotel mamy.
Na fotelu jest kot i koc.
Na kocu mała foka i fala.
Mama gotuje obiad.
Na stole fasola, buraki i por.
Obok garnek i pokrywka.
Mama jest wesoła i kot jest wesoły.
Mama daje kotu mleko.
Na fotelu tylko koc. Kot pije mleko.

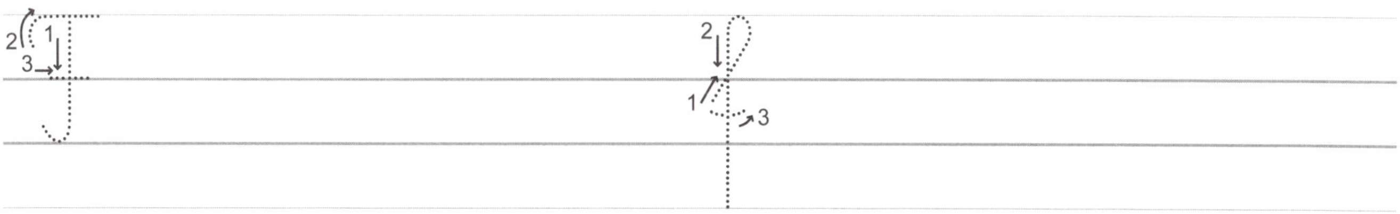

ą

ą

mą tą ną bą wą rą pą są
dą fą gą ką lą zą cą ją

zając pąk pająk wąs łąka bąk

To łąka. Tu są małe zające.
Zając ma mały ogon. To kitka.
Zając robi skok.
Na łące pająk i osa.
Osa leci na pąk.
Nad wodą inny pąk.
Tam lata bąk.
Tu łąka, pąki i bąki.

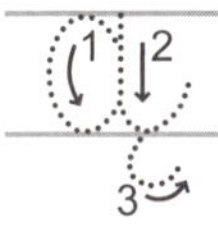
1
2
3

ę

ę

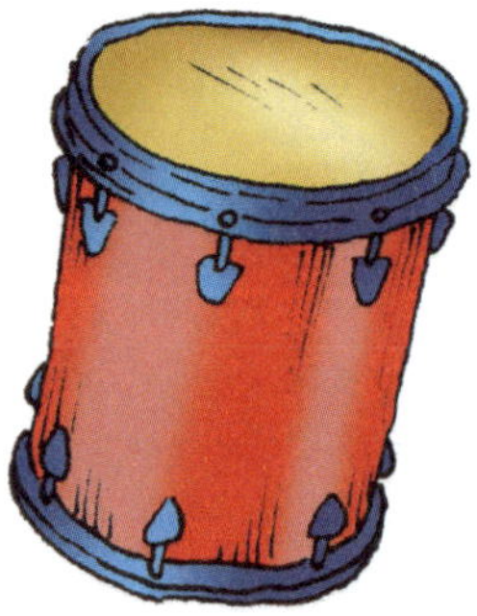

wę rę tę pę sę dę fę gę
kę lę zę cę bę nę mę

pęd lęk sęp bęben się ręka

Kamil gra. On ma bęben i pałki.
Kaja gra. Ona ma gitarę.
A to gęsi. Co one robią?
One gęgają: gę, gę, gę.
Nad nimi leci kukułka.
Ona woła: ku-ku, ku-ku.
A Kaja i Kamil dalej grają.
Razem bawią się wesoło!

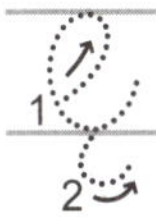

Ó ó

ów ór óp ós ód óg

ój ól óz óc ób

ósemka rój sól bób wóz

ogród róg lód wróbel

Wróbel mówi do sroki:
– Co tu tak gra?
Sroka mówi do wróbla:
– Tu nic nie gra. To rój os.
Wróbel leci i sroka leci.
A rój os leci na wóz.
To stary wóz. To wóz wujka Józka.
A tu ogród. To mały ogród.
Tu tylko pomidory, pory i bób.
Wujek Józek lubi bób.

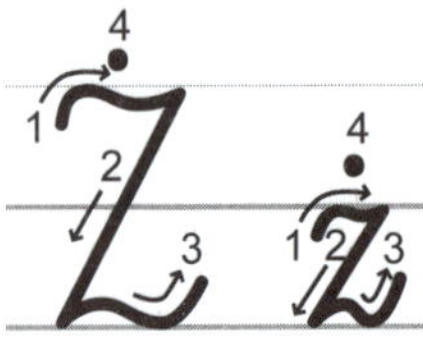

Ż ż

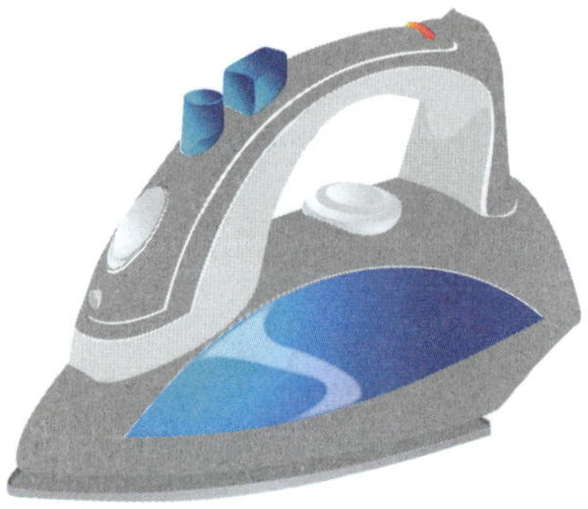

ża że żo żu ży aż eż oż uż yż

żaba żyrafa żona żelazo
już jeż duża też

Żaba jest mała i jeż jest mały.
Jeż ma kolce i mały ryjek.
On ma mały ogon i 4 łapki.
Jeż żyje w lesie i je owady.
Żaba też je owady.
Ona ma 4 łapki, ale nie ma ogona.
Żaba lubi wodę. Tam ma dom.
To duży staw.
Tam żyją ryby i latają ważki.

Z z

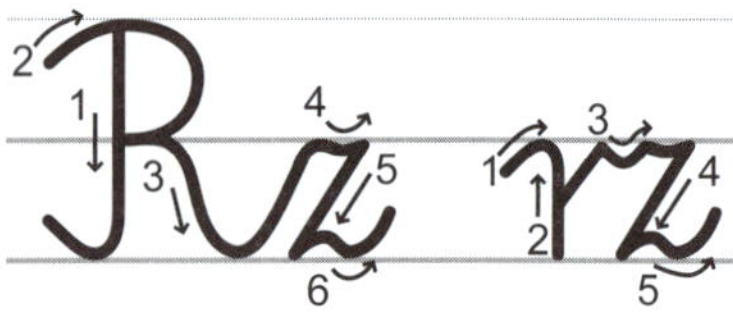

Rz rz

rza rze rzo rzu rzy
arz erz orz urz yrz

rzeka rzepa rzemyk rzut
talerz kurz zorza nietoperz

Nad rzeką tata łowi ryby.
Bolek i Tomek rzucają patykami.
Patyki lecą do rzeki.
Celny rzut! Brawo Bolek!
Tomek bije brawo.
Nad rzeką Tomek i Bolek mają namiot.
Obok namiotu duży talerz.
Na talerzu leży ryba.
Tę rybę złowił tata.

Rz rz

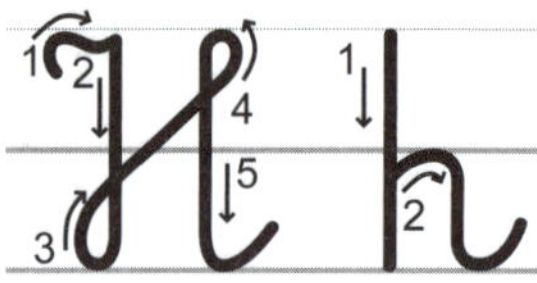

H h

ha he hi ho hu hy

heca hełm huk hymn herb
hamak harfa hiena helikopter
hipopotam hulajnoga

Co to za hałas? Co to za huk?
To helikopter.
A tutaj cyrk. Tu duży namiot.
Tu lew, małpy, węże i hipopotam.
Obok lwa stoi hiena.
A na arenie małpa i hulajnoga.
Ale heca! Ha! Ha! Ha!
Brawo! Brawo małpa!

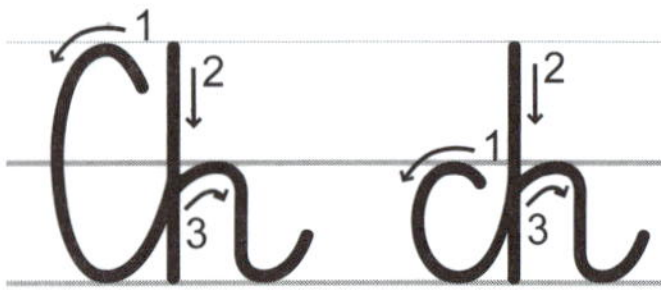

Ch ch

cha che chi cho chu chy
ach ech ich och uch ych

choinka chmura chleb chusta
chichot Lech ucho mucha cicho

W pokoju Lecha stoi choinka.
A na choince bombki i pierniki.
Pod choinką kolorowe prezenty.
Jest noc.
Za oknem duża chmura.
Mucha cicho lata.
Chusta mamy leży na fotelu.
Ta chusta to prezent od taty.

Ch ch

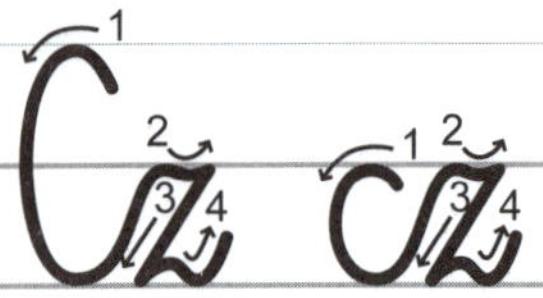

Cz cz

cza cze czo czu czy
acz ecz ocz ucz ycz

czapka czoło czekolada
czas czuły beczka oczy

– Czas na spacer! – woła mama.
Zosia zakłada buty, kurtkę i czapkę.
Mama zakłada buty, żakiet i beret.
Czapka spada Zosi na oczy.
To czapka taty!
Mama podaje Zosi jej czapkę.
Na spacerze mama częstuje Zosię malinową czekoladą.
Och! Jaki miły ten spacer!

Ch ch

Ć ć

Ć ć

ać eć oć uć yć

ćma żyć rzuć rysować pisać grać

Ćma lata koło lampy.
Jest wieczór. Ania ma kopertę.
Tu leży długopis i kartka.
Ania ma napisać list do babci.
Babcia czeka na ten list.
Ona lubi czytać listy.
Babcia jest chora i musi brać leki.
Babcia musi leżeć w łóżku.
Marek też chce pisać list.
On jest mały. Nie umie pisać.
Marek umie rysować i grać w piłkę.

C c

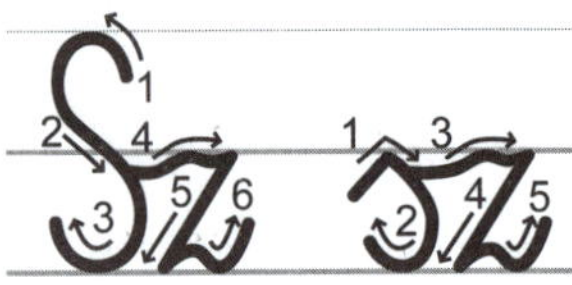

Sz sz

sza sze szo szu szy
asz esz osz usz ysz

szalik szewc szum sznur szyszka
szczur szachy pszczoła mysz uszy

W małej norce mysz i szczurek.
Razem grają w szachy.
Mysz ma czapkę na uszach.
Szczur ma szalik na szyi.
Mysz ma nowe buty.
Te buty zrobił jej szewc.
Szczurek lubi granie z myszą.
Myszka lubi zabawy ze szczurem.

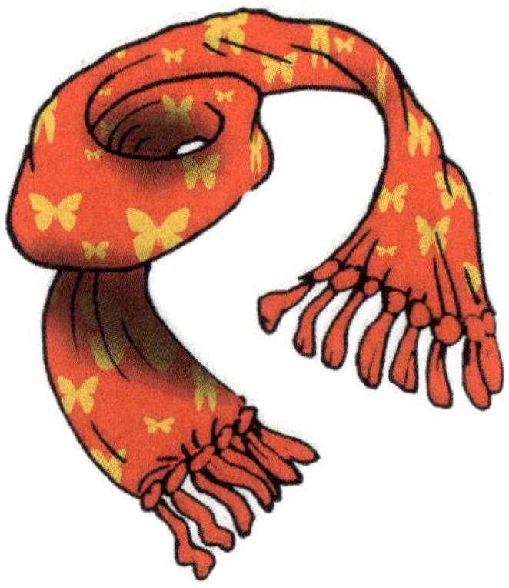

Sz sz

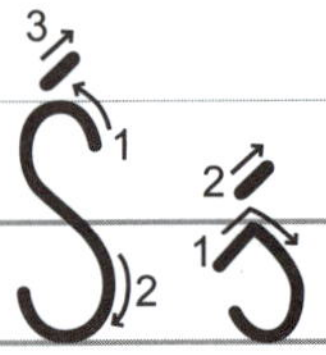

Ś ś

aś eś oś uś yś ęś

śliwa śliwka świnia ślimak
środek śpi gęś ryś ość

Co tu leży? To muszla ślimaka.
To jego dom. Ta muszla jest kolorowa.
Ślimak jest w środku muszli. On śpi.
Tu staw. To nieduży staw.
Tam rośnie tatarak.
Tu pływają gęś i kaczki.
Gęś lubi pływać.
Obok stawu sad.
Tam rośnie wysoka śliwa.
Na śliwie dużo małych śliwek.

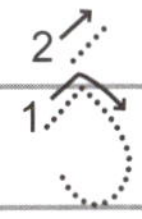

ń

ań eń oń uń yń

leń koń tańce bańka
jeleń pień stopień

W lesie żyje jeleń.
On jest duży jak koń.
Jeleń ma duże rogi i mały ogon.
On ma 4 kopytka i dobry węch.
Potrafi szybko biegać i daleko skakać.
Las to jego dom. Zna każdą drogę.
W lesie jest mała polana. Tu jeleń je trawę.
Na polanie stary pień. Ten pień to dom lisa.

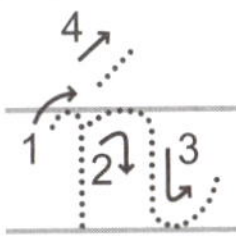

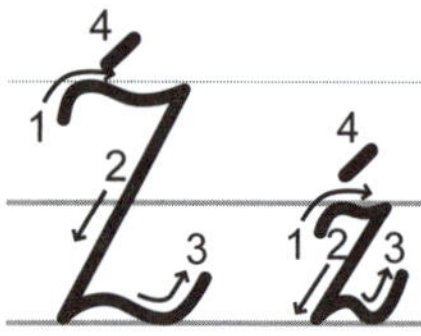

Ź ź

aź eź oź óź uź yź ęź ąź

źródło źrebię źrebak późny
luźny gałąź maź

Na pastwisku biały koń.
Koń je trawę. Obok konia mały konik.
Ten mały konik to źrebak.
Źrebak biega i skacze.
Źrebak jest zawsze blisko mamy.
Mama źrebaka to klacz.
Ona karmi konika swoim mlekiem.
Niedaleko jest źródło. Tam konie piją wodę.
Dookoła źródła leżą kamienie.

Z z

Dz dz

dza dze dzi dzo dzu dzy
adz edz idz odz udz ydz

dzik dzisiaj dzwonek dziupla dzieci
urodziny idzie sadzi dziadek

Dzisiaj urodziny Basi.
Basia dekoruje salę. Tu będą tańce.
Nagle dzwonek. To Tomek i Ania.
Oni pomogą Basi. Tomek dmucha
kolorowe balony,
a Ania je zawiesza.
Sala udekorowana!
Gra muzyka i dzieci tańczą wesoło.

Dz dz

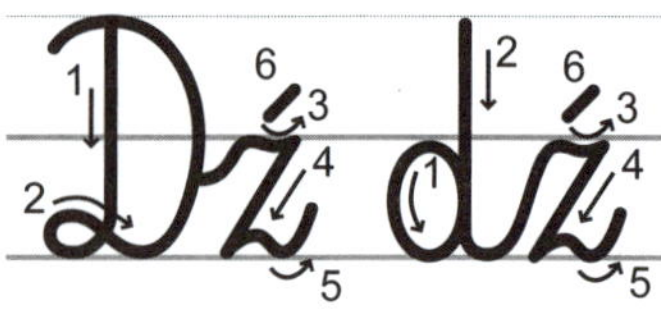

Dź dź

adź edź idź odź ądź ędź

dźwig łódź gwóźdź śledź

W porcie stoi stara łódź.
Ta łódź ma biały żagiel i ster.
Na łodzi sieci i ryby.
Dzisiaj rybak pływał nią po morzu.
Ta łódź ma dziurę. Rybak ma młotek
i gwoździe. On naprawi łódź.
Wojtek pomaga rybakowi.
Podaje mu gwóźdź i trzyma deski.
Razem szybko naprawią łódź.
W porcie wielki dźwig podnosi towary.

Dż dż

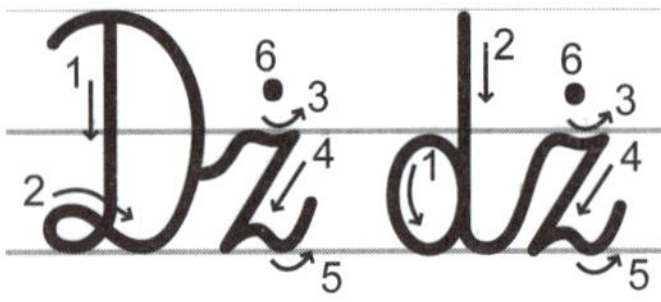

Dż dż

dża dże dżi dżo dżu dży

dżem dżinsy dżdżownica dżungla

Babcia robi konfitury.
Robi soki owocowe i dżemy.
Ania lubi dżem malinowy,
a Janek dżem jagodowy.
Babcia czyta przepisy na dżemy.
A to co? To nie przepisy, to książka o dżungli.
Babcia marzy o wyprawie do dzikiej dżungli. Tam rosną banany. Babcia zrobiłaby dżem bananowy.

Dż dż

Alfabet polski

Aa	ą	Bb	Cc	Ćć
Dd	Ee	ę	Ff	Gg
Hh	Ii	Jj	Kk	Ll
Łł	Mm	Nn	ń	Oo
Óó	Pp	Rr	Ss	Śś
Tt	Uu	Ww	Yy	Zz
Źź	Żż		Dz dz	Dż dż
Dź dź	Ch ch	Cz cz	Sz sz	Rz rz

Czytanki metodą sylabową

Moja mama

Oto mama. Ona ma kok. Mama ma dom. Tam maki i koty. To kot Kimi i kot Mimi. Mama da im mleko. Koty lubią mleko. W domu mama robi soki. Ona nalewa sok do kubka. Mama da sok Ani.

A tam mała Ola. Mama tuli Olę. Mama da Oli lale. Mama, Ania i Ola idą na spacer. Mama robi zakupy. Ona kupi pora, sałatę i lizaki dla Oli i Ali.

Ola ma lizaka i Ala ma lizaka. Mama kupi też tulipany. Ona lubi kwiaty.

Mój tata

A to tata. Tata jest wysoki. On lubi lody i bezy.

Tata ma samochód. Na samochodzie deski. To deski na budę dla Azora. Azor to dobry pies. A tu piła i młotek. Tomek i Janek pomogą robić budę.

Rano tata idzie do pracy. On jest lekarzem i leczy chore dzieci. Tata lubi grać w piłkę z Tomkiem i Jankiem. W sobotę tata chodzi na ryby. On łowi okonie, płotki, liny, a czasem sumy.

Tata ma róże. To róże dla mamy.

Spotkanie ze słoniem

To Ola, Sara, Kuba i tata. Oni idą do zoo. W zoo są dzikie koty – lew, tygrys i puma. Tu blisko stoją klatki. Tam są ptaki. Ola widzi kolorowego ptaka.

– To papuga – mówi Sara.

Tam daleko są zebry, sarny, kozy i żyrafa. A w basenie pływa foka i morsy.

Ola, Sara i Kuba szukają słonia.

– O! Tam jest słoń! – woła Kuba.

Słoń jest duży. On ma duże nogi, duże uszy i trąbę. Słoń pije wodę.

– Wracamy do domu – mówi tata.

– Pa pa, słoniu – wołają Ola, Sara i Kuba.

Słoń wesoło macha trąbą.

Park wodny

Jest sobota. Janek i Ula idą na basen do parku wodnego.

Przed basenem jest kasa. Janek kupuje dwa bilety. Dzieci idą do szatni. Tam zakładają kostiumy, czepki i okulary do pływania.

Na basenie jest gwar. Tu są zjeżdżalnie, brodziki, sauna i tory do pływania. Dzieci pluskają się w wodzie.

Ratownik Paweł obserwuje dzieci. On ma koło ratunkowe i gwizdek. Ratownik daje Uli i Jankowi deski do pływania.

Ula i Janek bardzo lubią soboty w parku wodnym.

Leśny król

Rano Ula i Romek wybrali się do lasu. Ula ma mały koszyk, a Romek ma duży kosz. Nagle Ula woła:

– Mam borowika!

Romek patrzy na grzyba i mówi:

– To muchomor. Nie wolno go zbierać. To grzyb trujący.

Idą dalej. Po chwili Romek mówi:

– Zobacz, ile tu kurek!

Ula szuka kurek, ale nigdzie ich nie ma. Nawet jednego piórka. Romek śmieje się cichutko i pokazuje Uli żółte grzyby. Ula też się śmieje.

Nagle Romek kuca i woła Ulę. A Ula pyta:

– Jak nazywa się ten gruby grzyb?

– To król grzybów – mówi Romek.

– To borowik.

Wyścigi rowerowe

Marek ma nowy rower. Ignaś ma stary, ale dobry. Chłopcy lubią wyścigi w parku. Kredą rysują na asfalcie linię startu i linię mety.

A to Filip. On też ma rower. Filip pyta chłopców, czy może się z nimi pobawić. Marek i Ignaś od razu się zgadzają.

Chłopcy ustawiają się z rowerami na linii. Marek woła: – Start!

Chłopcy ruszają. Jadą naprawdę szybko. Marek dojeżdża trzeci, Ignaś drugi, a Filip pierwszy.

– Brawo, Filip! – krzyczą Marek i Ignaś. Chłopcy gratulują zwycięzcy.

– Jutro znowu będziemy się ścigać – mówią i śmieją się do siebie.

START

Jesienny deszcz

Jest jesień. Na ziemi leżą liście. Robi się chłodniej. Czasem wieje wiatr. Adam i Kamil wybierają się na spacer. Oni mają swetry, czapki i buty.

Ale co to? Za oknem pada deszcz – kap kap kap. Dookoła robią się kałuże. Jak tu wyjść?

Chłopcy nie smucą się deszczem. Zdejmują buty, zakładają kalosze i biorą parasole.

Adam i Kamil mogą chodzić po ogromnych kałużach. Bardzo to lubią.

Deszcz ustaje. Na niebie pokazuje się słońce. Jesienne liście pięknie błyszczą. Chłopcy składają parasole. Wracając do domu, skaczą przez duże i małe kałuże.

Kulka z igłami

Jesień to ulubiona pora roku Eli. Razem z Karolem wybrała się na spacer do parku. Dużo tu dzieci zbierających liście, dużo wesoło biegających psów.

Pełno tu stosów liści. Cudownie jest skakać po tych liściach. Dzieci robią zawody, kto skoczy wyżej, a kto dalej. Nagle Karol zatrzymuje się.

– Ela, patrz – mówi cichutko.

Ela pochyla się nad bratem. Wśród liści leży nieduża, bura kulka. Cała pokryta jest igłami. Dzieci patrzą na nią zaciekawione. Nagle kulka się rozwija. Dzieci widzą mały ryjek, cztery łapki i krótki ogon.

– To jeż – mówią jednocześnie Ela i Karol.

Jeż powoli tupta w stronę innej kupy liści. Liście będą jego domem na zimę.

Tajemnica teatru

Sonia zakłada elegancką sukienkę. Radek zakłada koszulę i kamizelkę. Idą do teatru. Babcia Karolina zaprosiła ich na przedstawienie „Calineczka".

Dzieci bardzo lubią chodzić do teatru. W teatrze jest scena i widownia. Na scenie występują aktorzy. Na widowni siedzą widzowie. Tam są dzieci i babcia. Gdy gasną światła, zaczyna się przedstawienie.

„Calineczka" to przedstawienie kukiełkowe. Kukiełki to takie lalki na patykach. Aktorzy animują lalki, czyli poruszają nimi tak, jakby lalki żyły. Aktorów nie widać. Są schowani za wysokim parawanem.

W domu Sonia i Radek robią swoje kukiełki. Teraz to oni zapraszają babcię na przedstawienie.

Dary jesieni

Babcia Danusia przyniosła Tosi i Michałowi niezwykłe zabawki. Był to jeżyk z łupiny kasztana i piłka z orzecha.

– Babciu, to cudowne! – wykrzyknęła Tosia. – My też zrobimy takie zabawki.

Dzieci wybiegły przed dom po kasztany, żołędzie i kolorowe liście. Miały już pełen koszyk, kiedy zobaczyły jarzębinę.

Michał pochylił gałązkę, a Tosia szybko urwała kiść czerwonych owoców.

– Co z nich zrobimy? – zapytał Michał.

Tosia uśmiechnęła się tajemniczo. W domu odszukała igłę i mocne nici. Ponawlekała na nie jarzębinę.

– Babciu, to prezent dla ciebie – powiedziała Tosia i razem z Michałem założyli babci na szyję piękne czerwone korale.

Samotny pies

Maja wracała ze spaceru. Niedaleko domu zauważyła małego psa. Pies stał i patrzył na Maję. Podeszła do niego, ale pies uciekł.

Następnego dnia Maja znowu go zobaczyła. Przez kilka kolejnych dni przynosiła mu jedzenie. Pies nigdy nie podszedł do Mai i nie dał się pogłaskać.

Minęły dwa tygodnie. Maja była chora i nie mogła iść do psa.

– Pewnie sobie gdzieś poszedł, zapomniał o mnie – myślała.

Kiedy po chorobie wyszła na spacer, bardzo się zdziwiła. Pies czekał na nią przed domem. Gdy ją zobaczył, zamerdał ogonem. Maja powoli podeszła do psa. Nie uciekł i dał się pogłaskać.

– Witaj, wierny przyjacielu – powiedziała Maja. A pies wesoło zaszczekał.

22

Na budowie

To budowa wysokiego domu. Tu będzie wieżowiec. Na budowie jest hałas i huk. Tu są dźwigi, koparki, spychacze, betoniarki i ciężarówki. Koparka robi wykopy pod budowę, a betoniarka miesza beton. Ciężarówki przywożą cegły i piasek.

Robotnicy na budowie noszą kaski, specjalne ubrania i ochronne rękawice.

Tu pracuje tata Mirka. On podnosi dźwigiem wielkie elementy domu. Jego kabina jest wysoko nad ziemią. Codziennie musi tam wchodzić po drabinie.

Na budowie pracują też murarze. Oni mają cegły i zaprawę w wiaderkach. Ta zaprawa to taki klej do cegieł. Murarze układają ściany. Dzięki ich pracy dom jest coraz większy.

Pierwszy śnieg

Był grudzień. Jacek wstał wcześnie rano i wyjrzał za okno.

– Gosia, wstawaj! – zawołał siostrę. – Spadł śnieg!

Gosia aż otworzyła buzię ze zdumienia. Wszędzie leżał miękki, biały puch.

Po śniadaniu dzieci ubrały się ciepło i wyszły przed dom.

– W co się pobawimy? – zapytała Gosia.

Ale brat nie odpowiedział, tylko rzucił w nią śnieżką. Gosia szybko ulepiła kulkę i rzuciła w brata. Zaczęła się wielka bitwa na śnieżki.

Po chwili dołączyli do nich Zuzia, Tomek i Olek. Bawili się świetnie.

– Szkoda, że śnieg nie leży cały rok – powiedział Jacek, gdy wracali do domu.

Baby on board

Sporty zimowe

To wielki stok. Tu narciarze zjeżdżają na nartach. Oni mają kombinezony, rękawice, kaski i gogle. Gogle to duże okulary narciarskie.

Obok stoku szkółka narciarska. Tu dzieci uczą się jazdy na nartach. Instruktor pokazuje im, jak to robić.

Niedaleko jest lodowisko. To wspaniałe miejsce do jazdy na łyżwach.

Za stokiem mała górka. Tu Zosia jeździ na sankach. To jej ulubiony sport zimowy. Jej starszy brat Kamil też lubi sanki. Często zjeżdża razem z siostrą.

Kamil lubi grać zimą w hokeja. On ma łyżwy, kij hokejowy i krążek. Na lodowisku stawia bramki i wraz z kolegami rozgrywa hokejowy mecz.

Nowy komputer

Rano tata przyniósł tajemniczą paczkę. Położył ją na biurku. Beata i Leszek pomagają tacie otworzyć pudło.

– To komputer! – krzyczą z radości.

Wyjmują z pudła monitor, klawiaturę i komputer. Na stole kładą komputerową myszkę. Zamiast ogonka ma długi kabel, a zamiast oczu przyciski.

Leszek przyciska litery na klawiaturze. Na ekranie pojawia się jego imię.

– A gdzie jest wirus? – pyta Leszek.
– Komputer mojego kolegi miał wirusa!

Tata uśmiecha się. – Wirus sprawia, że komputer choruje, czyli psuje się. A nasz jest zdrowy.

Potem dzieci grają w gry komputerowe. Bawią się krótko, bo wiedzą, że od patrzenia w monitor bolą oczy i głowa.

K 3000
made in china

Bałwanek

Była zima. Napadało dużo śniegu.

– Może zrobimy bałwana? – zapytała mała Ida.

– To świetny pomysł – odpowiedział Jaś.

Chłopiec utoczył wielką kulę.

– To będzie brzuch bałwana – powiedział.

Ida utoczyła małą kulę. Razem umieścili ją na dużej i zrobili z niej głowę. Ida dolepiła bałwanowi uszy, a Jaś długi ogon. Potem pobiegli do domu po marchewkę. Bałwan wreszcie miał nos. Z szyszek zrobili oczy i buzię.

– Brakuje mu kapelusza – zasmuciła się Ida.

Jaś zdjął czapkę i nałożył bałwanowi na głowę.

– To najpiękniejszy bałwan na świecie! – radośnie zakrzyknęła Ida.

Kto śpi zimą?

– Dziadku, kto śpi zimą? – zapytał pewnego dnia Kacper.

– Chodźmy na spacer do lasu, to sam się przekonasz.

Ubrali się ciepło i powędrowali. W głębi lasu zobaczyli sarny, wróble i wiewiórkę.

– Dziadku, a kto tu był? – zapytał Kacper, pokazując ślady na śniegu.

– To tropy zająca – powiedział dziadek. – A teraz musimy być bardzo cicho. Tu jest gawra, czyli nora niedźwiedzia.

Przeszli obok niej na paluszkach. Dalej zauważyli wielką stertę liści pokrytą śniegiem.

– Tu śpi jeż – szepnął radośnie Kacper.

– A tam dalej jest nora borsuka. On też zapadł w zimowy sen – dodał dziadek.

Wesoła choinka

Była sobie polana. Na polanie rósł mały świerk. Drzewko było bardzo samotne. Zwierzęta rzadko chowały się pod nim, ptaki nie wiły na nim gniazd. Nikt koło drzewka nie przechodził.

Pewnego dnia Dorota, Darek, Hania i tata wybrali się do lasu. Długo szukali drzewka na choinkę. Jedno było za duże, drugie za małe. Wreszcie dotarli do polanki.

– Mamy choinkę – zawołały dzieci. – Hura!

Zawieźli drzewko saniami do domu. Postawili je w pokoju i zaczęli ozdabiać. Dzieci zrobiły kolorowy łańcuch, zawiesiły bombki i pierniki. Tata umieścił na czubku drzewka złotą gwiazdę.

Choinka była piękna. Okazało się, że nie jest zwykłym drzewkiem. Rano pojawiły się pod nią prezenty. Dzieci były szczęśliwe, a choinka już nie czuła się samotna.

Karnawałowy bal

W domu Arka i Hani jest wielki bal. Dzieci dekorują pokój. Piotrek dmucha baloniki, a Julia przypina kolorowe łańcuchy. Mama Hani i Arka upiekła pyszne ciasteczka i przygotowała sok.

Dzieci przebrały się w stroje karnawałowe i założyły maski. Teraz na sali balowej tańczą kangurek, zajączek, myszka, biedronka, wilk, motyl i żabka.

– Robimy węża – woła Hania. Dzieci chwytają się za ręce i biegają razem po całym domu.

– A teraz wybieramy króla i królową balu – mówi mama i uśmiecha się szeroko.

– O nie! – odpowiadają dzieci. – Wszyscy jesteśmy księżniczkami i królami.

To był wspaniały bal. I tylko myszka Hania zgubiła gdzieś swój ogonek.

Kosmiczna wyprawa

Wojtek, Olek i Maciek to dzielni kosmonauci. Dziś wyruszą rakietą na Księżyc. Właśnie zapinają kombinezony i wkładają hełmy. Wchodzą kolejno do pojazdu.

– Rakieta gotowa do startu – mówi Wojtek.

Olek włącza silniki. Maciek zaczyna odliczanie: trzy, dwa, jeden, zero. Start!

Pojazd odrywa się od ziemi i szybko się wznosi. Kosmonauci kierują go w stronę Księżyca. Rakieta leci bardzo szybko. Po chwili spacerują po Księżycu i zbierają kamienie do badań.

Powrót na Ziemię nie trwa długo. Zadowoleni kosmonauci wysiadają z pojazdu.

– Cześć, chłopaki – mówi Olek, idąc do domu.

– Jutro polecimy na Marsa! – planuje Maciek.

K-102
22

Bociania rodzina

Wiosną ptaki budują gniazda. Gołębie robią gniazda na drzewach. Jaskółki lepią je pod dachami. Kaczki ukrywają gniazda w sitowiu, a remizy wyplatają kuliste domki. Niektóre ptaki zamieszkują drewniane budki.

Na dachu domu cioci Lucynki bociany układają gałązki. Wróciły z ciepłych krajów. Mają długie, czerwone dzioby i biało-czarne pióra.

Ciocia się cieszy. Ona mówi, że bociany przynoszą szczęście.

– Witajcie, bociany – woła ciocia.

A bociany odpowiadają: kle, kle, kle.

Za kilka dni bociania mama złoży jaja. Z jaj wylęgną się pisklęta. Małe bociany mają szare dzioby i nie potrafią latać. One będą uczyć się latania przez całe lato.

SUNNY

W cyrkowym namiocie

– Cyrk przyjechał! Hura! – krzyczą dzieci.

W mieście pojawił się wielki, kolorowy namiot. W namiocie arena i trybuny. Nad areną liny i podesty dla akrobatów.

Obok namiotu klatki. W klatkach lwy, tygrysy, małpy, węże i słoń.

A to klaun Bolek. On ma wielkie buty i ogromne spodnie. Na nosie ma czerwoną kulkę, a na głowie czerwone włosy i kapelusz. Wygląda bardzo śmiesznie.

Przy wozie cyrkowym stoi magik. On ma czarny cylinder i wielki płaszcz. Zamienia królika w bukiet kwiatów.

Na arenie psy i treser. On trenuje psy na wieczorny pokaz. Pudel Fafik skacze przez kółko, a drugi pudel w kasku jeździ na hulajnodze. Ale heca!

Bukiet krokusów

Wiosną na świecie jest kolorowo. W ogródkach i na łąkach zakwitają pierwsze wiosenne kwiaty.

Kasia wybrała się z mamą na spacer.

– Popatrz, mamo, jakie piękne, fioletowe kwiatki – woła Kasia.

– To krokusy – odpowiada mama.

– Zrobię babci bukiet – mówi Kasia.

Mama tłumaczy Kasi, że nie wolno zbierać krokusów. To kwiaty pod ochroną. A to znaczy, że nie ma ich wiele.

Po powrocie do domu Kasia zamyka się w pokoju. Wreszcie wychodzi wesoła i mówi do babci:

– Mam dla ciebie bukiet krokusów.

Babcia jest trochę zdziwiona. A wtedy Kasia wręcza jej piękny rysunek kwiatów.

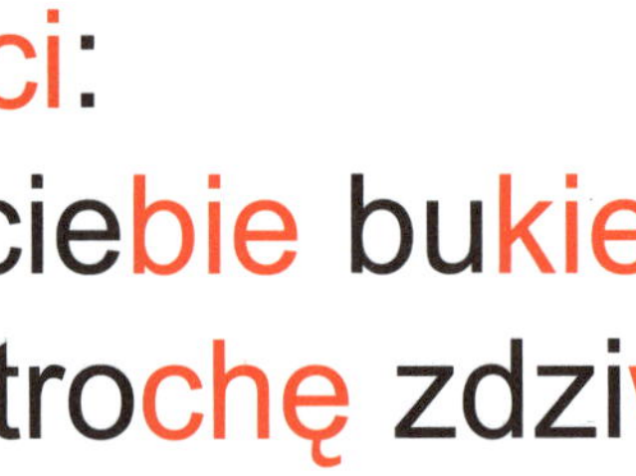

Wielkanocna pisanka

Babcia położyła na stole miskę z jajkami.

– Przygotujcie farby – powiedziała do Ady i Olka. – Będziemy robić pisanki.

– Hura! – wykrzyknęły dzieci.

Zabrali się do pracy. Babcia malowała na skorupce kwiaty, a dzieci różne wzorki. Ada robiła kropki i kreski. Olek chciał namalować robota, ale farba rozlała się po jajku i zamiast robota zrobił się kolorowy bałwanek.

Wtem jedna z pisanek zaczęła się ruszać.

– Co to? – zapytała Ada.

Pisanka kręciła się i kręciła. Nagle pękła skorupka. Z kolorowej pisanki wykluł się mały kurczaczek.

– Ciekawe, kto mieszka w innych pisankach – powiedział tajemniczo Olek.

1000 niezwykłych miejsc
ZIEMIA PLANETA TAJEMNICZA
ATLAS ŚWIATA
POLSKA
PODRÓŻE MARZEŃ
ILUSTROWANY ATLAS POLSKI
ILUSTROWANY ATLAS ŚWIATA

Kraków – miasto króla i smoka

Dawno, dawno temu w Krakowie żył król Krak. Mieszkał w zamku na Wawelu. Król miał koronę i berło, a królowa piękne suknie. Król i królowa mieli wielu dworzan i skarbiec pełen złota. Ale mieli też wielkie zmartwienie. W jamie pod zamkiem zamieszkał groźny smok. Żaden dzielny rycerz nie potrafił go pokonać.

Dopiero sprytny szewc Skuba dał radę smokowi. Wziął skórę owcy, zeszył ją i wypchał siarką. Potem zaniósł pod smoczą jamę. Smok zobaczył owcę i ją zjadł. Po chwili siarka zaczęła palić go w brzuchu. By ugasić pragnienie, zaczął pić wodę z Wisły. Pił, pił i pił... aż pękł.

Dzisiaj każdy może zwiedzić komnaty królewskie na Wawelu. Odważni mogą również wejść do smoczej jamy.

Górska wyprawa

Tata rozłożył wielką mapę. Adaś, Kamil i Beata pochylili się nad nią. Tata pokazał palcem drogę wycieczki.

– A teraz musimy się przygotować – powiedział tata.

Adaś złożył mapę i schował ją do plecaka. Kamil zapakował kompas. Kompas pokaże kierunek wędrówki. Beata przygotowała latarki i lornetkę.

Tata zrobił herbatę do termosu i po dwie kanapki dla każdego. Mama zapakowała kurtki przeciwdeszczowe i swetry. Pogoda w górach bardzo szybko się zmienia.

Wszyscy założyli wygodne górskie buty i czapki.

– Nie zapomnijcie zabrać dobrego humoru! – powiedziała na pożegnanie mama.

Podróż listu

Ciocia mieszka w Krakowie. Właśnie napisała list do wujka, który jest w Gdyni. Włożyła list do koperty. Na kopercie napisała adres wujka i nakleiła znaczek. Razem z Julkiem wrzuciła list do czerwonej skrzynki obok sklepu.

– Skąd wujek będzie wiedział, że tu czeka na niego list? – pyta Julek.

– Dziś weźmie go stąd nasz listonosz. List trafi na pocztę, a potem na dworzec kolejowy. Stamtąd wagonem pocztowym pojedzie do Gdyni. Potem znów zawiozą go na pocztę. A z poczty inny listonosz zaniesie list wujkowi – tłumaczy ciocia.

– A jak ktoś mieszka za morzem? – chce wiedzieć Julek.

– Wtedy list leci samolotem albo płynie statkiem – mówi ciocia. – Bo list to prawdziwy podróżnik.

POCZ
POCZTA

W pracowni malarza

Na starym strychu pan Antoni ma pracownię. Tam jest dużo pędzli i dużo farb. On jest malarzem. Teraz maluje portret pani Ady. W pracowni stoi sztaluga. Na sztaludze leży malowany obraz. Obok drewniany stolik. Tam kredki, ołówki i dużo kartek. Tu pan Antoni wymyśla obrazy.

Po pracowni biega jamnik Korsa. To ulubiony pies pana Antoniego.

Na haku wisi fartuch do malowania. On jest poplamiony farbami. Pod nim leżą palety. To specjalne deseczki na farby. Pan Antoni ma ich kilka.

W brązowej skrzyni są różne stare przedmioty. Malarz mówi, że to jego skarby. Będzie je malował.

W pracowni malarza jest cicho. Czasem tylko zaszczeka Korsa.

Wars i Sawa

Dawno temu żył nad rzeką Wisłą Wars. Był rybakiem i nigdy nie wracał z pustymi sieciami. Jego praca była bardzo ciężka, ale wykonywał ją z ochotą.

Pewnego razu zobaczył w wodzie syrenę – pół kobietę, pół rybę. Zakochał się w niej. Codziennie wypływał łodzią, aby ją zobaczyć. Syrena też przyglądała się Warsowi i czekała na niego.

W końcu Wars podpłynął do syreny i rzekł:

– Piękna syreno, kocham cię.

– Dzielny Warsie – odpowiedziała syrena – ja też ciebie kocham.

Wtedy zamieniła się w prawdziwą kobietę. Powiedziała, że ma na imię Sawa. Wars ożenił się z nią. Żyli długo w szczęściu i miłości. Miejsce, gdzie mieszkali, nazwano od ich imion Warszawą.

Dzisiaj Warszawa jest stolicą Polski.

Chora babcia

Tego dnia Helenkę odebrała z przedszkola mama.

– Dlaczego babcia nie przyszła? – zapytała dziewczynka.

– Babcia jest chora – odpowiedziała mama.

Gdy tylko weszły do domu, Helenka pobiegła do pokoju babci. Babcia leżała w łóżku i nie wyglądała dobrze.

– Proszę, przynieś mi coś do picia – poprosiła babcia.

Helenka poszła do kuchni. Nalała do kubka wodę, trochę soku malinowego i podała babci. Potem pomogła jej zmierzyć temperaturę. Okazało się, że babcia ma gorączkę. Dziewczynka zmoczyła ręcznik i położyła na głowie chorej. Babcia uśmiechnęła się do niej.

– Przy takiej opiece jutro będę zdrowa jak ryba! – powiedziała.

Wycieczka na wieś

Wujek Zenek zaprosił Beatę, Kamilkę i Jurka na wieś. Wujek mieszka w niedużym, drewnianym domu. Przed domem jest podwórko. Po podwórku chodzą kury i kaczki. One mieszkają w kurniku. Wujek prowadzi dzieci do kurnika i razem szukają świeżych jaj. Zebrali cały kosz.

Dalej stoi wielka stodoła. Tam jest siano. Obok stodoły stajnia i obora. Teraz są puste, bo krowa i dwa konie pasą się na pastwisku. Wujek mówi, że krowa daje pyszne mleko, a konie pomagają mu w pracy. Ciągną wozy z sianem i drewnem.

Dookoła podwórka jest płot. Na płocie stoi kogut. On głośno pieje i rano wszystkich budzi. A to buda Łatka. Łatek pilnuje domu.

Dzieci poznały całe gospodarstwo.

– A teraz zapraszam na jajecznicę – mówi wesoło wujek.

Wakacyjne podróże

– Jutro jadę na wakacje – powiedziała wesoło Basia do Julki i Mateusza.

– My pojedziemy dopiero za tydzień – odpowiedzieli.

Basia poleci na wakacje samolotem. Julka i Mateusz pojadą pociągiem i autobusem.

– Moja ciocia będzie podróżować statkiem – powiedziała Julka.

– Dawno temu ludzie podróżowali też balonem – przypomniał sobie Mateusz.

Dzieci położyły się na trawie i zastanawiały się, czym jeszcze można podróżować.

– Oczywiście samochodem – stwierdziła Basia.

– Statkiem kosmicznym! – wykrzyknął Mateusz.

– I łodzią podwodną – dodała Julka.

A potem wstali, wsiedli na rowery i pojechali do parku.

Noc w namiocie

– Tu zostaniemy na noc – powiedział tata i pokazał małą polanę.

Zuzia i Maks pomogli tacie rozbić namiot. Włożyli do niego materace i śpiwory.

Wieczorem tata rozpalił ognisko, a dzieci upiekły nad ogniem kiełbasę. Potem śpiewały różne piosenki. Iskry z ogniska unosiły się do nieba. Było już bardzo późno.

– Pora spać – powiedział tata.

W namiocie dzieci weszły do śpiworów. Zuzia przytuliła do siebie swojego misia.

Tata ugasił ognisko i położył się obok dzieci. Nagle usłyszeli głośne: hu, hu.

– Tato, co to? – zapytała Zuzia.

– To tylko sowa – odpowiedział tata. – Ten ptak śpi w dzień, a nocą poluje.

Rano dzieci próbowały odszukać sowę. Znalazły ją. Siedziała na wysokiej gałęzi i... spała.

Urodziny

Ewa ma dziś urodziny. Mama upiekła tort. Za chwilę przyjdą goście. Ewa ma nową, zieloną sukienkę. Mama czesze jej włosy.

O! Już dzwonek do drzwi. To goście. Wszyscy witają się wesoło. Składają życzenia Ewie i dają jej prezenty. Dziewczynka dostała lalkę, pisaki, dwie gry i słodycze.

Mama zapaliła świeczki na torcie.

– Teraz pomyśl życzenie i zdmuchnij świeczki – mówi tata.

Ewa zamyka oczy i mocno dmucha. Marzy o psie, ale wie, że mama się nie zgadza. Uważa, że Ewa jest jeszcze za mała.

Ewa zdmuchnęła wszystkie świeczki. Goście biją brawo. Nagle coś ciepłego ociera się o jej nogi. Ach, to wymarzony piesek! Ewa bierze go na ręce i mocno przytula.

– A jednak marzenia się spełniają – myśli.

BIEDRONKI
2 gry
SONIC

Muszla – skarb morza

Wujek Leon jest podróżnikiem. Właśnie wrócił z dalekiej wyprawy. Był w krainie lodów na Antarktydzie i na pustyni Saharze. Pływał po oceanach.

Wujek miał dla Marty i Grzesia niespodziankę. Podarował im worek pełen muszelek. Miały różne kształty – płaskie, okrągłe, szpiczaste i podłużne. Dał im także wielką, białą muszlę. Była taka ciężka, że dzieci musiały trzymać ją razem.

– Posłuchajcie, co mówi do was muszla – poradził wujek.

Dzieci przyłożyły do niej ucho.

– Ona szumi – zdziwił się Grześ.

– Pewnie schowało się w niej morze – powiedziała Marta.

Wujek opowiedział dzieciom, gdzie znalazł muszlę. Grześ i Marta postanowili, że gdy dorosną, też zostaną podróżnikami.

NATIONAL GEOGRAPHIC
MAPA ŚWIATA

Przygoda nad jeziorem

Tego ranka dziadek zbudził Stasia bardzo wcześnie. Po chwili chłopiec był gotowy do drogi. Szybko doszli nad brzeg jeziora. Dziadek chwycił linę i przyciągnął łódkę. Wskoczyli do niej i razem wiosłując, wypłynęli na jezioro.

Dziadek podał Stasiowi wędkę i łowili ryby. Byli bardzo cicho. Nagle w trzcinach coś się poruszyło i zapiszczało. Dziadek podpłynął do trzcin. W gnieździe siedziały małe perkozy.

– Musimy stąd odpłynąć – powiedział dziadek. – Ptaki mogą bać się nas.

Gdy odpływali, coś szarpnęło wędką Stasia. Chłopiec energicznie pociągnął ją do góry.

– Mam rybę! Mam! – wołał uradowany. Na haczyku wisiał duży okoń.

– Będzie pyszna kolacja – powiedział dziadek.

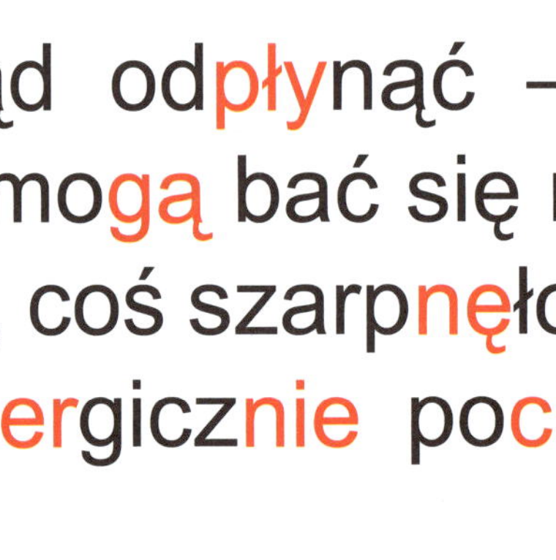

44

Prawdziwy przyjaciel

Tego dnia Wojtek przekonał się, że prawdziwych przyjaciół poznaje się w biedzie. A było to tak...

Ala, Marek, Ida, Franek, Grześ i Wojtek bawili się w zawody sportowe. Mieli nawet swoje medale. Były skoki w dal i rzut dyskiem.

Przyszła pora na biegi. Grześ biegał najszybciej z całej grupy. Dzieci ustawiły się na starcie. Marek podniósł rękę i ruszyli. Nagle Wojtek potknął się i przewrócił. Płakał. Grześ szybko podbiegł do niego. Zapytał, co go boli, i pomógł mu wstać. Zawody wygrała Ida.

Grześ zaprowadził Wojtka do domu.

– Grzesiu, czy ty nie chciałeś wygrać? – spytał Wojtek.

– Oczywiście, że chciałem – odpowiedział Grześ. – Ale jeszcze bardziej chciałem pomóc tobie, bo jesteś moim przyjacielem.

Spotkanie z dinozaurem

Dinozaury żyły na Ziemi miliony lat temu. Jedne były wielkie jak domy, inne małe jak koty. Żyły w wodzie i na lądzie, niektóre nawet latały. Dziś zostały po nich tylko kości.

Laura i Mikołaj wybrali się do parku jurajskiego. Tu można zobaczyć dinozaury. Dzieci nie boją się ich, bo wiedzą, że to tylko plastikowe figurki. Dinozaury stoją na trawie między alejkami.

Tu jest ogromny diplodok. To największy z dinozaurów. Ma bardzo długą szyję i długi ogon. Dzieci spacerują pod jego brzuchem. Próbują objąć nogę diplodoka.

Dalej stoi tyranozaur. On też jest duży i ma wielką paszczę. Był najgroźniejszym dinozaurem. Laura i Mikołaj głaszczą go po głowie i liczą jego ostre zęby.

Dzieci spędzają w parku cały dzień. Za tydzień znowu tu przyjdą.

W bibliotece

Helenka idzie z mamą do biblioteki. To dom książek. Na wielu regałach leżą książki dla dzieci i dla dorosłych. Są tu książki przygodowe, historyczne, kryminały i wiele, wiele innych.

Helenka dopiero uczy się czytać. Najbardziej lubi bajki. Wraz z mamą przeczytała bajkę o Czerwonym Kapturku. Brat Helenki uwielbia komiksy. Przeczytał ich już ponad sto.

Książki z biblioteki zabiera się do domu. Po przeczytaniu trzeba je oddać.

Pani Aneta pracuje w bibliotece. Ona jest bibliotekarką. Dba o książki, układa je na półkach i naprawia, gdy się zniszczą.

W bibliotece jest także komputer i internet. Każdy może z niego skorzystać. W internecie znajdziemy wiele informacji o świecie.